탑동

2025

탑동

-영랑생가와 나

김재석 시집

사이재

시인의 말

내 고향 강진 그중에서도
나를 키워 대처로 보낸
탑동에 대한 보은으로
탑동만으로 한 권의 시집을 낳았다

이치에 맞는 착란과
감각의 전이 아닌
문학과 스토리 텔링을 접목하여 쓴 시이다

탑동회관과 어깨동무한
마당 좁은 집을 기억하는
탑동은 그리 많지 않지만
탑동이 추억의 앨범을 펼치는 데
이 시집이 기여하리라고 믿는다

2025년 여름
일속산방一粟山房에서
작시치作詩痴 김재석

차례

탑동

시인의 말

1부

탑동塔洞 13

탑동 15

탑동 18

탑동 20

그리운 탑동 22

영랑생가 24

세계모란공원 26

강진시문학파기념관 28

금서당 30

강남교회 32

강진군청 34

탑동샘 36

탑동회관 38

탑동회관주차장 40

원불교 강진교당 42

압구狎丘재 44

돌담한정식 46

모란추어탕 48

2부

고성사 51

보은산방 52

V랜드 54

돌샘 56

강진읍성터에서 58

고성골방죽 60

고성골방죽 62

고성골방죽 64

고성골방죽 능수버들 67

고성골방죽과 나 68

고성골방죽 갈대 70

고성골방죽 연蓮 72

강진순복음교회 74

비둘기바위 76

충혼탑 78

구 양무정 80

참전유공자탑 앞에서 82

기차바위 84

3부

수국水菊과 나 87
수국과 나비 88
수국길 89
수국길 90
연꽃 92
연꽃단지 94
원두막 96
해바라기밭 98
초승달이 수국축제장 주변을 지켜보다 100
여름 102
수국길 103

4부

비 오는 날 107
영랑생가와 나 108
영랑생가에서 나는 동백꽃똥구멍쪽쪽빠는새로 통한다 110
모란이 지기까지는 114
영랑생가 사랑채 마루에서 115
영랑생가와 금사봉이 눈빛을 주고받다 120
시문학파기념관은 시문학파대변인이다 122
영랑생가는 영랑 대변인이다 124

새다 126

영랑생가 사랑채 주련 앞에서 머뭇거리다 129

고성골방죽은 추억의 앨범이다 132

훔쳐보다 134

영랑생가 안채는 모란은 챙기고 작약은 챙기지 않는다 136

'사개 틀린 고풍의 툇마루'란 시가 말해 준다 138

물과별 140

어깨동무한 탑동과 서문은 연리지다 142

1부

탑동 塔洞
 －서시

강진이
소쩍새 울음소리를 공으로 듣게 해 주고도
티를 내지 않는 걸 보면
배울 바가 있다

강진이
뻐꾹새 울음소리를 공으로 듣게 해 주고도
티를 내지 않는 걸 보면
배울 바가 있다

돌샘으로
다양한 강진의 갈증을 해소해 주고도
티를 내지 않는 걸 보면
배울 바가 있다

강진시문학파기념관을
세계모란공원을 거느린
영랑생가로 잘나가도
티를 내지 않는 걸 보면
배울 바가 있다

제 이름값을 하기 위해
탑塔, 탑만 찾아내
제 자리에 가져다 놓으면
이보다 좋을 수가 없을 것이다

탑동

지금은
먼 걸음을 한 길들의 발자국꽃이 만개한
영랑생가가 영랑생가인지도 몰랐던 시절에
영랑생가 담장 밖에 떨어진 은행잎을
책갈피 삼아 보지 않은
탑동은 없을 것이다

지금은 모두 다 고희의 강을 건넌
영숙이도 경옥이도 정순이도 춘매도
남식이도 계원이도 성순이도 광식이도
영랑생가 담장 밖에 떨어진 은행잎을
책갈피 삼았을 것이다

해와 달 별빛을 챙길 대로 챙겨
무게를 감당하지 못하여
바닥에 떨어진 은행잎은 물론
해와 달 별빛을 챙기고 있는 은행잎 중에서
가장 예쁜 놈을 골라 내가
책갈피 삼은 건 사실인데
은행잎을 어떤 책의 책갈피 삼았는지
기억나지 않는다

영랑생가 은행나무를 황포돛대라 노래한
나는 은행잎을
앙드레 지드의 '좁은 문'의
헤르만 헤세의 '데미안'의
헤밍웨이의 '노인과 바다'의
하이네, 셸리, 키츠 시집의
책갈피 삼았을 수도 있는데
다른 탑동은
은행잎을 어떤 책의 책갈피 삼았을까

고희의 강을 건넌 뒤에도
영랑생가 담장 밖에 떨어진 은행잎을
책갈피 삼고 싶어 하는 나에게
내 안의 누군가가
제발 나잇값 좀 하라고 한다

영랑생가 담장 밖에 떨어진 은행잎을
책갈피 삼는 것과 나이하고 뭔 상관이 있으며
고희의 강을 건넜다 하여
영랑생가 담장 밖에 떨어진 은행잎을 주워
책갈피 삼지 말라는 법이 어디에 있는가

지금은
먼 걸음을 한 길들의 발자국꽃이 만개한
영랑생가가 영랑생가인지도 몰랐던 시절에
영랑생가 담장 밖에 떨어진 은행잎을
책갈피 삼아 보지 않은
탑동은 없을 것이다

탑동

밥 안 묵어도 배부르겠다*는 말은
탑동을 두고 하는 말이다

강진의 저명인사인
영랑생가,
강진시문학파기념관,
세계모란공원,
금서당을 두고 하는 말인가

지나간 미래가
동헌東軒인
강진군청을 두고 하는 말인가

보은산과 동고동락하는
고성사,
고성골방죽,
기차바위,
비둘기바위,
돌샘,
V랜드,
충혼탑을 두고 하는 말인가

뭘 두고
탑동은
밥 안 묵어도 배부르겠다는 말을 하는지
나도 궁금하다

밥 안 묵어도 배부르겠다는 말은
탑동을 두고 하는 말이다,
좌우지간

*밥 안 묵어도 배부르겠다: 밥 안 먹어도 배부르겠다의 구어체 표현.

탑동

탑동이란 이름의 발원지인 탑은
어디로 사라졌나

영랑생가 앞 어딘가에
탑이 당당하게 서 계셨는데
발도 달리지 않은 분이
어딘가로 사라졌다

보쌈을 당했을 리 만무하고
포승줄에 묶여 갔을 리 만무하고
철삿줄에 꽁꽁 묶여 갔을 리 만무하고
가마에 태워 갔을 리 만무하고
해체하여 갔을 가능성이 가장 많은데
지금 어디에서 무얼하고 계시는지
궁금하지 않다면 거짓말이다

살아만 계신다면
다시 모셔올 텐데
자취를 알 수 없으니
어떡하냐

언젠가는
자신을 다시 모셔가리라 생각하고
버티고 계셔야 하는데
기다리고 기다리다 지쳐
생을 아예 포기해 해체돼
어딘가로 사라졌을까 봐 겁난다

탑동이란 이름의 탯자리인 탑을
하루빨리 찾아 모셔오던지
찾아 모셔올 수 없다면
새 탑이라도 다시 낳아야 한다

그리운 탑동

굴렁쇠 굴리던 아이들은
구슬치기하던 아이들은
비석치기하던 아이들은
돈치기하던 아이들은
줄넘기하던 아이들은 다 어떻게 됐을까

희중이, 봉영이, 우영이, 현철이
민채, 영진이, 남식이, 형식이
계원이, 성순이, 광식이, 현식이, 방식이
형식이, 정진이, 귀정이, 재오, 승일이, 승하
경옥이, 영숙이, 정순이
춘매, 지성이

고희의 강을 건너기 직전이거나
고희의 강을 건너는 중이거나
고희의 강을 건넌 뒤일 것이나
몇은 이미 생을 마감하였을 수도 있다

영랑생가의 다가온 과거는
양목사님댁인데
동네아이들보다 책을 가까이한

명문학교 간
양목사님의 아들 희중이는
어떻게 되었을까

땅뺏기하던 아이들은
공기놀이하던 아이들은
딱지치기하던 아이들은
제기차기하던 아이들은
쥐불놀이하던 아이들은 다 어떻게 됐을까

영랑생가

시문학의 성지인 영랑생가가
문필봉인 금사봉과
눈빛을 주고받는 재미가 쏠쏠하다

시력이 옛날 같지 않아도
금사봉과 눈빛을 주고받는데
아무런 문제가 없다

먼 걸음을 한 길들을 맞이하고
배웅하는 걸 보면
눈빛만 문제가 없는 게 아니라
건강에 전혀 문제가 없다

탑동 말인 영랑시의 비밀이
영랑생가가
금사봉과 눈빛을 주고받는 것과
무관하지 않다

금사봉과 눈빛을 주고받는 재미를
혼자서만 만끽하지 않고
세계모란공원과 강진시문학파기념관에게도

금사봉과 눈빛을 주고받을 기회를 준다

시문학의 성지인 영랑생가가
문필봉인 금사봉과
눈빛을 주고받는 재미가 솔찬하다

세계모란공원

이름값을 하는가,
이름값을 하지 못하는가,
이름값을 하려고 노력하고 있나

모란공원 아닌
세계모란공원이 모란만 키우는 게 아니라
세계모란공원이 이름값을 하는 데
기여할 수 있는 것들은
다 키운다

모란에 치여
화중왕 노릇을 못한
작약까지 초대한 걸 보면
세계모란공원은 너그럽다

내가 이름을 불러주지 못하는
꽃나무들도
세계모란공원이 이름값을 하는 데
기여하기 위하여
동참한 걸

잘나가는
세계모란공원

이름값을 하려고 노력하고 있다고 해야
맞다

강진시문학파기념관

시문학파기념관이
광산에서 태어나지 않고
강진에서 태어난 것에 대하여
먼 걸음을 한 길들 중에 어떤 길이
이의를 제기하거나
의문을 제기했다는 말을 들어본 적이 없다

오래전에
이름을 대면 바로 알 수 있는
이름의 끝이 란蘭인
원로시인이 왜 시문학파기념관이
광산에서 태어나지 않고
강진에서 태어났냐고
나에게 편지를 준 적이 있다

시문학파기념관이
광산에서 태어나지 않고
강진에서 태어난 것은
강진이 광산보다 동작이 빨라서란
말을 드리지 못하고
그냥 얼버무리고 말았지만

원로시인의 말이 틀린 말은 아닌 것 같다

시문학파기념관이
그냥 시문학파기념관이 아니고
강진시문학파기념관이기에
광산에서 시문학파기념관이 또 태어나도 되나
그렇지 않은 걸 보면
광산이 많이 너그럽다

강진시문학파기념관이
제대로 하지 못하면
광산이 시문학파기념관을 낳을 텐데
강진시문학파기념관이 똑바로 하니
광산이 시문학파기념관을 낳을 필요가 없는 것이다

시문학파기념관이
광산에서 태어나지 않고
강진에서 태어난 것에 대하여
먼 걸음을 한 길들 중에 어떤 길이
이의를 제기하거나
의문을 제기했다는 말을 들어본 적이 없다

금서당

영랑생가는
금사봉과 눈빛을 주고받는 재미를 만끽하지만
금서당은
강진을 한눈에 내려다보는 재미를 만끽한다

강진보통학교의 지나간 미래이자
김영렬 화백의 아틀리에의 지나간 미래인
금서당이
영랑도 키우고
현구도 키웠다

영랑생가 사랑채의 주련이
그냥 걸린 게 아니라
금서당이
영랑을 잘 키워낸 결과물이다

마음의 귀를 곤두세우면
거문고, 거문고 소리가
우릴 가만두지 않는
금서당琴書堂

영랑생가는
금사봉과 눈빛을 주고받는 재미를 만끽하지만
금서당은
강진을 한눈에 내려다보는 재미를 만끽한다

강남교회

영랑생가와
세계모란공원을 만끽하고 돌아가는
나에게
강남교회가 눈인사를 한다

내가 누구인지 알고
눈인사를 하는지
인사로 그냥 눈인사를 하는지
궁금하다

내가 누구인지 모른다면
내가 누구인지 밝혀야 하는데
거의 반세기 전에
강남교회의
지나간 미래인 새마을학교에서
내가 아이들 가르쳤다는 이야기를 꺼내기가
거시기하다

어느새
고희의 강을 건넌 내가
강남교회에게 언제까지

내가 누구인지 밝히기를 미루어야 하나

내 성격으로 봐서
내가 생을 마치도록
강남교회가
자신의 지나간 미래인 새마을학교에서
내가 아이들 가르친 걸 모를 수도 있다

영랑생가와
세계모란공원을 만끽하고 돌아가는
나에게
강남교회가 눈인사를 하는데
앞으론 내가 먼저 눈인사를 해야겠다

강진군청

여자가 남자의 미래이듯이
강진군청은 강진의 미래이다

강진군청을 보면
강진을 알 수 있다고 하면
강진군청이 부담을 갖을 수 있으니
나 혼자만의 생각으로 그쳐야겠다

강진군청의 일거수일투족이
강진의 미래를 결정한다는 걸
강진군청 자신이 인지하고 있으면
아침이 날마다 새로울 것이다

지나간 미래가 동헌인
강진군청, 민원실 자리가 한때 샘인 걸 감안하면
다양한 강진들의 갈증을
강진군청 민원실이 풀어줘야 할 의무가 있다

공렴, 공렴을 가슴에 새긴
강진군청

여자가 남자의 미래이듯이
강진군청은 강진의 미래이다

탑동샘

'탑동샘'이란
이름표를 야무지게 달았다

영랑생가를 찾는
먼 걸음을 한 길들로 하여금
한눈팔게 하기 위해 태어난 게 아니다

목마른
탑동,
탑동의 갈증을 해소해 주기 위해서
태어났는데
지금은 제 구실을 못하고 있다

탑동의
갈증을 해소해 주고 싶을 뿐만 아니라
먼 걸음을 한 길들의
갈증을 해소해 주고 싶을 것이다

마을의 구색을 맞추기 위해서
태어난 게 아니고
목마른 길들의 갈증을 해소해 주기 위해서

태어났다

소시적
내가 물지게로 삶의 균형을 잡은 걸
다 지켜보았다

나만 보면
삐긋이, 삐긋이 웃는 버릇이 있다

'탑동샘'이란
이름표를 야무지게 달았다

탑동회관

'모란꽃 피는 마을'이라고
옆구리에 써놨다

밀수, 마약, 폭력, 도벌, 탈세가
사회의 오대악이라고
지금으로부터 반세기도 더 전에
나에게 가르쳐 주었다

반세기도 더 전
사회의 오대악은
밀수, 마약, 폭력, 도벌, 탈세였는데
지금은 사회의 오대악이 뭔지
궁금하다

나의 삶이
밀수, 마약, 폭력, 도벌, 탈세와
거리가 먼 건
내 머릿속에 사회의 오대악을
제대로 심어 줘서다

꽃만 만개한 게 아니라

먼 걸음을 한 길들의 발자국꽃도 만개한
영랑생가로
세계모란공원으로
강진시문학파기념관으로 잘나가는
탑동 뒷바라지하느라
정신이 없다

正典破邪를 가슴에 새긴 지
오래다

누가
모란꽃 피는 마을 아니라고 할까 봐
'모란꽃 피는 마을'이라고
옆구리에 써놓은 건 아닐 것이다

*정전파사正典破邪: 바른 가르침으로, 잘못된 사상이나 그릇된 주장을 깨뜨린다

탑동회관 주차장

태어난 지
몇 해 되지 않은
탑동회관주차장이 나와 마주치면 숙연해진다

한때 나와 마주치면
면목이 없다고 눈빛을 보내던
탑동회관주차장이 이제는 숙연해지는 이유를
아무도 모른다

탑동회관주차장이 나에게
면목이 없다고 눈빛을 보내고
내 앞에서 숙연해지는 건
나와 단 둘이 있을 때다

탑동회관주차장의 지나간 미래인
마당 좁은 집이 나를 키워
대처로 보낸 걸 아는
탑동도 이제는 거의 없다

심지어
나의 눈시울을 뜨겁게 하기도 하는

나로 하여금 눈물을 감추게 하기도 하는
탑동회관주차장

태어난 지
몇 해 되지 않은
탑동회관주차장이 나와 마주치면 숙연해진다

원불교 강진교당

어디가 시작이고
어디가 끝인지 알 수 없다고 해야 하나,
어디가 시작이고
어디가 끝인지 알 수 있다고 해야 하나

일원상一圓相이라 불리는
동그라미에
그렇게 깊은 뜻이 있는 줄 몰랐다

진리,
부처,
우주,
마음

누구의 은혜를 입어 내가
이 자리에 있는지도 모르고
무턱대고 살았는데
무지한 나를 사은四恩으로 깨우치다니

천지은,
부모은,

동포는,
법률은

돌아보니
주먹구구로 산 나에게
三學으로
용맹정진까지는 아니더라도
생각하며 살 기회를 주다니

수양,
연구,
취사

어디가 시작이고
어디가 끝인지 알 수 있다고 해야 하나,
어디가 시작이고
어디가 끝인지 알 수 없다고 해야 하나

압구狎丘재

대관령 스키장,
대관령 스키장이 부럽지 않은
자연산 스키장이었다

눈 온 뒤
귀신이 엉덩방아를 찧을 정도로
미끄러웠다 하면
거짓말이라 할 것이나
참말이다

밤중에
귀신이 엉덩방아를 찧는 소리를
길갓집이 낳은
영숙이와 계원이는 들었을 것이다

영숙이와 계원이만 들은 게 아니라
길갓집이 낳은
방식이와 윤영이도
경옥이도 들었을 것이다

지금은

자연산 스키장이
차들이 질주하는 바람에
귀신이 엉덩방아를 찧는 소리를
들을 수 없게 돼
유감이다

대관령 스키장,
대관령 스키장이 부럽지 않은
자연산 스키장이었다

돌담한정식

접시꽃이 돌담 모퉁이에서
보초를 서고 있는
돌담한정식이 자신을 찾은
먼 걸음을 한 길들을
'돌담에 속삭이는 햇발'이 맞이하게 한다

소시적 국어책에서 만난 적이 있는
'돌담에 속삭이는 햇발'이
먼 걸음을 한 길들을 맞이하니
다들 추억의 앨범을 펼치지 않고
배길 수 없다

- 돌담에 속삭이는 햇발같이
풀아래 웃음짓는 샘물같이
내 마음 고요히 고운 봄길위에
오늘 하루 하늘을 우러르고 싶다

새악시 볼에 떠오는 부끄럼같이
시의 가슴 살포시 젖는 물결같이
보드레한 에머랄드 얇게 흐르는
실비단 하늘을 바라보고 싶다

먼 걸음을 한 길들이 펼치는
추억의 앨범에
돌담한정식이 애지중지하는
'돌담에 속삭이는 햇발'만
얼굴 내미는 게 아니고
'모란이 피기까지는',
'오메 단풍 들것네'도
얼굴 내민다

접시꽃이 돌담 모퉁이에서
보초를 서고 있는
돌담한정식이 자신을 찾은
먼 걸음을 한 길들을
'돌담에 속삭이는 햇발'이 배웅하게 한다

모란추어탕

호화양장본 시집인
영랑생가의
얼굴마담은
모란이 피기까지는

그밖에
동백잎에 빛나는 마음,
돌담에 소색이는 햇발같이

강진 맛집 중의 맛집인
모란추어탕의
얼굴마담은
추어탕

그밖에
돼지고기 보쌈,
홍어삼합,
홍어,
후식탕,
잔치국수,
고기국수

2부

고성사 高聲寺

고암모종이
금릉팔경의 선두 주자인 것 하나만으로
어깨에 힘을 줘도 되겠다

덩치 작다고 기죽을까 봐 하는
말이 아니다

사의재의 바통을 받은
보은산방으로
갈 길이 어려운 다산에게
학연을 불러다가
특별과외를 시킬 기회를 주고도
티를 내지 않는 걸 보면
됐다

고성사의 눈 안에 들려고 하는
말이 아니다

보은산방

동문매반가가 사의재를 입양하듯이
고성사가 보은산방을 입양하였다

사의재의 바통을 받은
보은산방

보은산방의 지나간 미래가
사의재고
사의재의 다가온 과거가
보은산방인 걸

주역의 달인인
보은산방에
사의재가 똬리 틀고 있는 걸

이마에 손을 얹고
먼 데를 바라보면
보은산방의 다가올 과거인
이학래가 얼굴 내미는 걸

먼 걸음을 하는 길들이

고성사를 뵈러오는지
보은산방을 뵈러오는지
헷갈릴 수밖에

동문매반가가 사의재를 입양하듯이
고성사가 보은산방을 입양하였다

V랜드

V랜드
누가 작명했는지 몰라도
작명 한번 잘했다

이미지와 속성을
꿰뚫어 보지 않았다면
이런 이름은 생각하지 못했을 것이다

한 가지 궁금한 건 V랜드 계곡을 지나
고성골방죽에 모인 물이
한때 고성사의 법문이자
한때 돌샘의 군말인 걸
작명자가 알고 있는지 궁금하다

V랜드와 보은산힐링센터 가는 길에
수국에게 받들어 꽃!
사열을 받으면서도
사열을 받는지도 모르는
강진이 많다

수국에게 받들어 꽃!

사열을 받는다는 걸 알고
사열을 받는 강진은
몇이나 될까

V랜드!
누가 작명했는지 몰라도
작명 한번 잘했다

돌샘

우두봉의 대변인인 돌샘이
옛날 같지 않다

옛날보다 말을 아끼는데
조금 아끼는 게 아니라
많이 아낀다

지금은
정보화 시대, 디지털 시대를 지나
인공지능 시대라는 걸
돌샘이 인지하고 있는 게
분명하다

돌샘이 일자리를 잃을 리
만무한 건
돌샘이 우두봉의 대변인 역할만 하는 게 아니라
다양한 강진들의
갈증을 해소해 주기 때문이다

보은산을 찾은
다양한 강진들의 갈증을 해소해 주는 이는

돌샘,
돌샘뿐이다

우두봉의 대변인인 돌샘이
옛날 같지 않다는
돌샘이 말이 적어졌다는 말이다

강진읍성터에서

보은산 자락에 남아 있는
강진읍성터에 가면
남인수의 '황성옛터'가
나의 입에서 저절로 나온다

일제강점기에
살아보지도 않은 나의 입에서
남인수의 '황성옛터'가 저절로 나오는 건
대한민국의 지나간 미래가
나를 가만두지 않아서다

독재자인 박정희로 하여금
눈시울이 뜨겁게 한 정도가 아니라
눈물을 흘리게 했던
'황성옛터'

독립군 아닌 만주군으로
일제의 주구走狗 노릇을 하였지만
나라 잃은 시대의 아픔을 동감同感한 건
사실이다

일제강점기에 살아보지 않은 나도
1절부터 3절까지 부르다 보면
눈시울이 뜨거워지는
'황성옛터'

보은산 자락에 남아 있는
강진읍성터에 가면
남인수의 '황성옛터'가
나의 입에서 저절로 나오는데
말릴 길이 없다

*강진읍성: 신증동국여지승람이 읍성은 성종 6년에 돌로 쌓았으며 둘레가 6802자 높이가 9자인데 우물이 여덟 못이 하나 있었다고 한다. 여지도서는 성가퀴가 870이고 곡성은 8곳이며 동문, 서문, 남문 세 곳에 누각이 있다고 한다.

고성골방죽

부동이화가
뭔가를 가르치기에
가장 좋은 모델이 고성골방죽이다

고성사에서 흘러내리는 법문과
우두봉의 대변인인
돌샘에서 흘러내리는 군말이
V랜드 계곡에서 만나
고성골방죽으로 흘러들어 한 몸이 되었다

고성사의 법문과 돌샘의 군말이
의기투합한 고성골방죽이
부동이화의 모델이 아니면
누가 부동이화의 모델이겠는가

고성골방죽이 이제는
고성사의 법문이기도 하고
돌샘의 군말이기도 하다고 해야 하나
고성사의 법문도 아니고
돌샘의 군말도 아니라고 해야 하나

부동이화의
가장 좋은 모델이란 말을 들으려면
고성사의 법문이기도 하고
돌샘의 군말이기도 하다고 해야 맞겠다

부동이화가
뭔가를 가르치기에
가장 좋은 모델이 고성골방죽이다

고성골방죽

지금 내 앞에 몸을 드러낸
해와 달과 별들 그리고 구름의 거울인
고성골방죽은
나의 추억의 앨범이자
나의 추억의 영사기다

나의 추억의 앨범이자
나의 추억의 영사기인
고성골방죽을 펼치니
키 작은 나와 함께
탑동 아이들이 얼굴 내미는데 말릴 길이 없다

탑동 아이들이 거의 다
고성골방죽의 가슴을 가로질러 가는데
고성골방죽의 옆구리에서만 노는
아이가 있다

누구인가,
누구인가,
자세히 들여다봤더니
남세스럽게도 바로 나다

고성골방죽의 페이지를 넘기니
이번에는
꾸르 꾸르 꾸르 꾸르 꾸르 꾸르
암잠자리를 실에 묶어
숫잠자리를 유혹하는 아이가 얼굴 내미는데
자세히 들여다보나 마나
나다

그 많은 죄없는 잠자리들을 잡아다
어디에다 썼는지
기억이 전혀 나지 않는 건
이미 내가 고희의 강을 건너서다

지금 내 앞에 몸을 드러낸
해와 달과 별들 그리고 구름의 거울인
고성골방죽은
나의 추억의 앨범이자
나의 추억의 영사기다

고성골방죽

나의 추억의 앨범이자
나의 추억의 영사기인
고성골방죽은 장난기가 있다

고희의 강을 건넌 내가
찾아가면 언제나
꾸르 꾸르 꾸르로 나를 맞이하고
꾸르 꾸르 꾸르로 나를 배웅한다

나처럼
추억의 앨범을 펼치기 위해
추억의 영사기를 돌리기 위해
고성골방죽을 찾은
먼 걸음을 한 길들이 없지 않아 있었을 것이다

고성골방죽이
추억의 앨범을 펼치기 위해
추억의 영사기를 돌리기 위해
고성골방죽을 찾은
먼 걸음을 한 길들을
어떻게 맞이하고

어떻게 배웅했는지
궁금하다

나처럼
추억의 앨범을 펼치기 위해
추억의 영사기를 돌리기 위해
고성골방죽을 찾은 게 아니라
보은산방을 입양한
고성사 가는 길들 중에
돌샘 가는 길들 중에
고성골방죽에게 한눈팔다 가는 길들도 있었을 것이다

고성골방죽에게
한눈팔다 가는
먼 걸음을 한 길들과도
고성골방죽이
눈빛을 주고받았을 텐데
무슨 이야기를 주고받았을까

나의 추억의 앨범이자
나의 추억의 영사기인

고성골방죽이
꾸르 꾸르 꾸르로
나를 놀리는데
놀림을 당하는 재미가 솔찬하다

고성골방죽 능수버들

부잡하다고 해야 하나

물가에 가지 말란 말을
들었을 텐데,
분명히

물가에 가지 말란 말을
듣고도
물가에 나왔다면
문제가 많다

한번
자리 잡았으니
되돌려 보낼 수도 없고
어디서 왔는지도 알 수가 없다

부잡하다고 해야 하나가 아니라
부잡하다

고성골방죽과 나

먼 걸음을 한 길들 중의 하나인
나는 그리운 것은
다 고성골방죽에 있다고 생각하는데
고성골방죽은
그리운 것은 다 어디에 있을까

나는 공인이 아니지만
공인인 고성골방죽은
불인, 불인을 가까이하기에
누구 한 사람을
오래도록 마음에 둘 수 없을 것이다

내게 그리운 건
다 고성골방죽에 있다고 해서
고성골방죽에게 그리운 건
다 내게 있으란 법이 어디에도 없다

고성골방죽에서
나만 추억의 앨범을 펼치는 게 아니라
나 외에 다른
먼 걸음을 한 길들도 추억의 앨범을 펼칠 것이다

먼 걸음을 한 길들 중의 하나인
나는 그리운 것은
다 고성골방죽에 있다고 생각하는데
고성골방죽은
그리운 것은 다 어디에 있을까

고성골방죽 갈대

일사불란一絲不亂의 대명사인 갈대를
고성골방죽 가에서 만나리라고 생각도 못했다

눈빛을 주고받을 겨를도 없이
의아해 하는 나의 표정에
갈대들이 상처 입을까 봐
겁난다

강물과 바다가 만나는 기수지역이 아닌
고성골방죽 가에
갈대들이 자리를 잡게 된 사연을 알고 싶은데
알 길이 없다

비비새 울음소리 만개한 가운데
묵은 갈대와
새 갈대의 인수인계도
거의 다 끝나가고 있는 것 같다

고성골방죽 갈대들이
제 몸뚱일 흔들어 다녀오는 곳은
강진만 갈대밭일 가능성이 가장 많다

일사불란의 대명사인 갈대를
고성골방죽 가에서 만나리라고 생각도 못했다

고성골방죽 연蓮

분수를 아는
연들이
고성사의 법문과 돌샘의 군말이 의기투합한
고성골방죽, 고성골방죽 가에서만 논다

겁쟁이란 말 듣지 않으려고
방죽 한가운데로 들어갔다간
앞날을 기약할 수 없다는 걸 알기에
겁쟁이란 말 듣더라도
목숨을 부지하는 게 중요하기에
방죽 한가운데로 들어가는
만용을 부리지 않는다

방죽 한가운데로 들어가지 않아도
제 할 일 다하는데
방죽 한가운데로 들어갔다간
나중 형편이 나빠지는 정도가 아니라
아예 목숨을 내놓아야 한다는 걸
연들 가운데
어떤 연이 그걸 귀띔해 줘서가 아니고
다들 본능적으로 깨달은 것이다

지나간 미래가
고성사의 법문과 돌샘의 군말인
고성골방죽이 연들에게
선을 넘지 말라며
눈에 보이지 않는 선을 그어놨음에 틀림없다

분수를 아는
연들이
고성사의 법문과 돌샘의 군말이 의기투합한
고성골방죽, 고성골방죽 가에서만 논다

강진순복음교회

서문이 낳은 게 아니라
탑동이 낳았다

다들 서문이 낳은 걸로 알고 있어도
누구도
바로잡을 생각을 안 하니
내가 바로잡을 수밖에

서문이 낳았으면 어떻고
탑동이 낳았으면 어떻냐고 하겠지만
무엇이든 확실히 해야
나중에 뭔 말이 나오지 않는 걸

고성골방죽 길이든
고성사 가는 길이든
약수터 가는 길이든
한눈팔지 않고 배길 수 없게 하는
강진순복음교회

순복음교회는
다른 교회와

닮은 건 뭣이고
닮지 않은 건 또 뭣인가

서문이 낳은 게 아니라
탑동이 낳았다

비둘기바위

어딘가로 날아갈 생각이 머리에 없는 게 아니라
보은산을 떠날 생각이 없는
비둘기바위가
강진 독립만세사건에 깊이 간여하였다

불멸의 독립운동가이기에
건국훈장 정도는 받아야 하는데
무슨 훈장을 받았는지 궁금하다

건국훈장은 차치하고
건국포장도 받지 않았을 수 있다

훈장을 받고서도
훈장을 가슴에 차지 않나
훈장을 받지 않아
훈장을 가슴에 차지 않나
나로 하여금
이 생각 저 생각에 이르게 하고 있다

훈장을 받긴 받았는데
누군가가 훈장을 보쌈해 갈까 봐

어딘가에 숨겨 놨나

훈장을 받았는지
훈장을 받지 않았는지 알 길이 없으나
강진 독립만세사건에 깊이 간여하고도
티를 내지 않는 걸 보면
됐다

어딘가로 날아갈 생각이 머리에 없는 게 아니라
보은산을 떠날 생각이 없는
비둘기바위가
강진 독립만세사건에 깊이 간여하였다

충혼탑

기억력이 탁월한
충혼탑이 나를 알아볼까 봐 겁난다

길에서 아버지를 잃고
절망에 빠진 나의 사춘기가
양무정과 가까이 지낸 것을
충혼탑이 다 지켜보았다

편모슬하에서
어머니 말을 잘 들었어야 했는데
어머니 말을 잘 안 들은 게 아니라
빈번한 가출로 어머니를 괴롭혔다

누가 귀띔해 줬는지
농업학교 졸업한 뒤
양성소 나와 초등학교 선생을 하라는 말에
공부를 때려치우다시피 하여
실패에 실패를 거듭하였다

목에 이물감이 있는 내가
광주 천변이 낳은

모모 신경정신과에 신세를 질 때
속신에 젖은 어머니는
무당을 불러다 굿을 하였다

이물감의 주범이
길에서 아버지를 잃은 자식들
기죽이지 않으려고
어머니가 박스 채 사다 놓은
탄산음료라는 뒤늦게 알고
탄식을 했다

충혼탑이
나의 사춘기가 양무정과 가까이 지낸 것을
기억하지 말았으면 좋겠다

구 양무정

나와 조우하면
나를 알아볼 수도 있고
나를 알아보지 못할 수도 있는
양무정이 증발하였다

나의 사춘기와 각별한 사이인
양무정이
가출한 나를 따뜻이 맞이하여
마루에서 재워주곤 했는데
반세기도 더 전 일이다

어느 날 양무정의 품에서
강진에서 방위병으로 근무하던 중에
북산에 바람 쐬러 나온 젊은이를 만났는데
경기고를 거친
서울대 법대 휴학생이었다

나의 부러움을 사고도 남은
그 서울대 법대 휴학생이
이준보 검사라는 걸 안 건
아주 먼 훗날이었다

그때 그 시절 양무정에서
헤매고 있던 나는 지금
양무정이라는 시로
추억의 앨범을 펼치고 있는데
검사로서 잘나간 이준보 검사는
지금 어디에서 무얼하고 있을까

나와 조우하면
나를 알아볼 수도 있고
나를 알아보지 못할 수도 있는
양무정이 증발하여
양무정에게
은혜를 갚고 싶어도 갚을 수가 없다

참전유공자탑 앞에서

고희의 강을 건넌 지 얼마되지 않은 나는
6·25한국전쟁에 참전한 적도 없고
베트남전쟁에 참전한 적도 없기에
참전유공자탑에 이름이 올려져 있지 않다

참전유공자탑에 아무나 이름을 올릴 수 있는 게 아니고
전우의 시체를 넘고 넘어
앞으로 앞으로 전진해 본 군인들만이
참전유공자탑에 이름을 올릴 수 있다

내가 군복무를 하던 시절에
전쟁이 일어나지 않아
전우의 시체를 넘고 넘어
앞으로 앞으로 전진해 본 적이 없다

내가 군복무를 하던 시절에
전쟁이 일어나지 않은 건
내가 시대를 잘 만나서이기에
참전유공자탑에 이름이 올라가지 않은 것에 대하여
서운해 할 리가 없다

참전유공자탑에 이름이 올라가지 않은 나도
인제 가면 언제 오나
원통해서 못 살겠나의 인제가 낳은,
5월 어버이날에도 눈이 온 적이 있는
2사단 17연대 1대대 참모부에서
정보병으로 군복무를 마쳤다

고희의 강을 건넌 지 얼마되지 않은 나는
6·25한국전쟁에 참전한 적도 없고
베트남전쟁에 참전한 적도 없기에
참전유공자탑에 이름이 올려져 있지 않은 게
당연하다

기차바위

칙칙폭폭 칙칙폭폭 칙칙폭폭,
마음으로 듣는

타는 역은 탑동역인데
내리실 역은
어디인가

타는 이들은
남문, 동문, 서문을 비롯한
다양한 강진이다

마음으로 듣는
칙칙폭폭 칙칙폭폭

내리는 이들도 역시
남문, 동문, 서문을 비롯한
다양한 강진일 것이다

마음으로 듣는
칙칙폭폭 칙칙폭폭 칙칙폭폭

3부

수국水菊과 나

나는
수국을
꿀이 잔뜩 발라진 공에
작은 나비들이 달라붙어 있다고 생각했다

수국은
나를 보고
뭐라 생각하는지 궁금하다

나는
수국이
나를 보고
걸어 다니는 꽃나무라 생각했으면 좋겠다

꽃 진 자리에 시가 열리는……

수국과 나비

빗속에
수국 꽃밭에 들른
나비 한 마리가 헤매고 있다

꽃들이 너무 많아
어디에 앉아야 할지 몰라
헤매는지

빗줄기에
몸을 가누기가 힘들어
헤매는지

다른 나비들이 떼로
꽃에 앉아 있다 생각해서
앉을 자리가 없어
헤매는지

빗속에
수국 꽃밭에 들른
나비 한 마리가 헤매니
나의 눈빛도 따라 헤맨다

수국길

먼 걸음을 한 길들 중의 하나인
내가
수국에게 사열을 받고 있다

받들어 詩!

내가
시 쓰는 바보인 걸
수국이 어떻게 알았을까

받들어 詩!

돌아가는 길에도
내가
수국에게 사열을 받고 있다

받들어 詩!

수국길

고성골방죽과 가까이 지내는
수국길은
고성사 가는 길인가
약수터 가는 길인가

수국길이
스스로
고성사 가는 길이라 하면
약수터가 인상을 구길 것이고
약수터 가는 길이라 하면
고성사가 인상을 구길 것이다

수국길이
어디어디 가는 길이라 하지 않고
그냥
수국길이라 한 것은
다 이유가 있다

말 한 마디로
천냥 빚을 갚는다는 말은
수국길을 두고 하는 말일 수도 있다

고성골방죽과 가까이 지내는
수국길은
고성사 가는 길이기도 하고
약수터 가는 길이기도 하다

연꽃

연꽃 한 송이 들고 서 있으면
누구나 다 부처이고
연꽃 한 송이 들고 서 있는 이 앞에서
빼긋이 웃는 자는
누구나 다 마하 가섭은 아니다

부처가
제자들 앞에서
연꽃 한 송이 들어 보일 때
백련이었는지,
홍련이었는지
궁금하다

마하 가섭이
빼긋이 웃는 데
기여한 연은
연꽃 한 송이가 꺾이는 아픔을 감내해야 했겠지

연꽃 한 송이가 꺾이는 아픔을 감내해야 한다는 걸
모르고
부처가 연꽃을 꺾진 않았겠지

연꽃 한 송이 들고 있으면
누구나 다 부처이고
연꽃 한 송이 들고 있는 이 앞에서
빼긋이 웃는 자는
누구나 다 마하 가섭이면 좋겠다

연꽃단지
- 고성사 가는 길

백련은 백련끼리,
홍련은 홍련끼리

서로 섞이지 않으니
색깔론,
색깔론과
가까이 지낸다는 말을 들을 것이다

나의 해석과 달리
순수,
순수를 지향한다는 말을 들을 수도 있겠다

백련과 홍련이 섞여 있으면
부동이화,
부동이화와
가까이 지낸다는 말을 들을 것이다

나의 해석과 달리
동상이몽,
동상이몽과 가까이 지낸다는 말을 들을 수도 있겠다

홍련은 홍련끼리,
백련은 백련끼리

원두막

참외밭이
수박밭이 낳은 원두막 아닌
연꽃단지가 낳은 원두막이
보은산방 가는 길인 나를
한눈팔게 한다

나 아닌 다른 길들도
연꽃단지가 낳은 원두막에
한눈팔까

백련과 홍련이 함께하지 않고
각자도생各自圖生하는
연꽃단지,
연꽃단지는 지킬 필요가 없기에
원두막을 방치하는가

나로 하여금 한눈팔게 하는
버섯 모양의
원두막이
보은산방 가는 길인 나에게 오라고
눈빛을 보내는데 들어주지 못하고

발길을 재촉한다

원두막의 청을 들어주지 못하고
보은산방 가는 길인 내가
추억의 앨범을 펼치니
수박 서리하던 여름밤이 얼굴 내민다

참외밭이
수박밭이 낳은 원두막 아닌
연꽃단지가 낳은 원두막을
보은산방 가는 길인 내가
한눈팔게 했을 수도 있다

해바라기밭

추억의 앨범을 펼치려
고성골방죽 가는 길에
얼굴 내민 연꽃단지에
뜬금없는 해바라기밭이 꼽사리 끼었다

해바라기 하면
나의 무덤 앞에는 그 차거운 비碑돌을 세우지 말라는
함형수의 해바라기의 비명에 꽂힌,
이순의 강을 가까스로 건너고 생을 마친
나의 생에 크게 영향을 미친 내 친구 홍순이가
고희의 강을 건넌
내 앞에 나타나
해바라기의 비명碑銘을 낭송한다

- 나의 무덤 주위에는 그 노오란 해바라기를 심어 달라.
그리고 해바라기의 긴 줄거리 사이로 끝없는 보리밭을 보여 달라.
노오란 해바라기는 늘 태양같이 태양같이 하던 화려한 나의 사랑이라고 생각하라.
푸른 보리밭 사이로 하늘을 쏘는 노고지리가 있거든 아직도 날아오르는 나의 꿈이라고 생각하라.

해바라기 하면
생전에 잘나가지 못하고
사후에 잘나간
빈센트 반 고흐의 생애를 다룬
반 고흐의 역으로 커크 더글러스와
고갱 역으로 앤서니 퀸이 열연한
영화 Lust for Life를 다시 만나고 싶어진다

해바라기 하면
조반나 역에 소피아 로렌이
안토니오 역에 마르첼로 마스트로야니가 열연한
한 편의 서사시인
전쟁과 사랑, 상실을 주제로 한
'해바라기'란 영화가 얼굴 내밀고
헨리 만시니의 주제곡이 나를 가만두지 않는다

추억의 앨범을 펼치려
고성골방죽 가는 길에
얼굴 내민 연꽃단지에
뜬금없는 해바라기밭이 꼽사리 끼어
나로 하여금 한참을 생각에 젖게 한다

초승달이 수국축제장 주변을 지켜보다

강진의 초저녁
오른쪽 허리가 낭창낭창한
달이
수국축제장 주변을 지켜보고 있다

먼 걸음을 한 길들이 거의 다 빠져나간
수국축제장을 찾은 내가
고성골방죽에 한눈팔며
추억의 앨범을 펼치고 있는 걸
달이
다 지켜보고도 남게 생겼다

더위 먹은
달이
나처럼
마음은 이미
고성골방죽에 뛰어들었을 수도 있다

고성골방죽,
고성골방죽을 거울 삼지 않고
그냥 지나가지 못하는

달

강진의 초저녁
수국축제장 주변을 지켜보고 있는
오른쪽 허리가 낭창낭창한
달을
내가 곁눈질하고 있다

여름

뻐꾹 뻐꾹 뻐꾹 뻐꾹 뻐꾹 뻐꾹

보은산 뻐꾹새가
강진을 들어올렸다 내려놓았다 한다,
대낮에

어디 출신인가

탑동 출신이다

솟쩍 솟쩍 솟쩍 솟쩍 솟쩍 솟쩍

보은산 소쩍새가
강진을 들어올렸다 내려놓았다 한다,
한밤중에

어디 출신인가

탑동 출신이다

수국길

먼 걸음을 한 길들 중의 하나인 나는
내가
수국에게 사열을 받고 있는 걸 알고
사열을 받고 있다

받들어 詩!

나 아닌 다른
먼 걸음을 한 길들은
자신이 수국에게 사열을 받는다는 알고
사열을 받는지 궁금하다

나는 받들어 詩인데
다들
받들어 뭣일까

갈대는 제 몸뚱일 흔들어

김재석

갈대는 제 몸뚱일 흔들어
바람을 만들데

海東靑 보라매보다 더 날렵하게
흰 대님 같은 냇갈 솟아오르는 마을로 가서
안방과 사랑방을 구시렁거리며 들랑거리다가
살구나무 가슴팍을 어루만지다가……

뒷산 뻐꾸기가 질투하듯 울음을 토해내니
다 내뺑게치고 울타리 넘어
뒤도 안 돌아보고 달려가
무슨 짓 하는지 한참을 소식이 없데

저것 봐! 언제 돌아왔는지
해와 달, 별빛과 어울러 폰잎에 고여 넘치더니
진흙탕에 뒹굴더니
연꽃 한 송이 피워내는 거

갈잎 하나 우물에 띄우고 술렁이더니
그새를 못 참고
번갯불 부싯돌 삼아
밑둥이 썩은 古木 꽃불 이는 거

가슴 아픈 듯, 제 몸뚱이로 돌아가
흐느끼는거

4부

비 오는 날

밤새 詩作에 시달린
영랑생가가
빗속에 얼굴 내민 나를 보고
삐긋이 웃는다

-동병상련

밤새 니체에 붙들린
현구생가가
빗속에 얼굴 내민 나를 보고
삐긋이 웃는다

-동병상련

영랑생가와 나

강진의 저명인사 중의
저명인사인
영랑생가가 나를 가만두지 않는다

그냥 영랑생가가 아니라
세계모란공원과
강진시문학파기념관을 거느린
영랑생가다

누군가가
누군가를 가만두지 않겠다는 건
누군가가
누군가에게 원한을 샀다는 거지만
누군가가 누군가를 가만두지 않는 건
누군가가 누군가를 편애해서다

아 다르고 어 다르듯이
않겠다와
않는다는 하늘과 땅 차이다

나를 가만두지 않는 영랑생가가

나에게 안겨준 시가
몇 백 편이 넘는 것만으로도
영랑생가가
나를 편애한다는 말을 듣고도 남을 것이다

못 말리는
영랑생가

강진의 저명인사 중의
저명인사인
영랑생가가 나를 가지고 몸살을 한다

그냥 나 아닌
고희의 강을 건넌 나를 가지고

영랑생가에서 나는 동백꽃똥구멍쪽쪽빠는 새로 통한다

강진의 저명인사 중의 저명인사인
영랑생가에서
나는 동백꽃똥구멍쪽쪽빠는새로 통한다

나는 영랑생가에 죽치고 있는
까치나 직박구리처럼 날지 못하지만
내가 영랑생가에서
동백꽃똥구멍쪽쪽빠는새로 통하는 건
뒤 대숲과 부동이화 중인
동백나무에 얼굴 내민 동백꽃 똥구멍을
내 눈빛이 가만두지 않을 뿐만 아니라
내 주둥이가 가만두지 않아서다

내 주둥이가 무턱대고
동백꽃 똥구멍을 가만두지 않은 게 아니라
뭔가 내재율內在律이 있기에
영랑생가 꽃나무들이 호기심에
귀를 곤두세운 것이다

쪽쪽쪽쪽 쪽쪽쪽 쪽쪽쪽 쪽쪽쪽 쪽쪽쪽 쪽쪽쪽

쪽쪽쪽쪽쪽 쪽쪽쪽쪽쪽 쪽쪽쪽 쪽쪽쪽 쪽쪽쪽

쪽쪽쪽쪽 쪽쪽쪽쪽 쪽 쪽쪽쪽쪽

쪽쪽쪽 쪽쪽쪽쪽 쪽쪽쪽쪽쪽

쪽쪽쪽쪽 쪽쪽쪽 쪽쪽쪽 쪽쪽쪽 쪽쪽쪽 쪽쪽쪽

영랑의 시 「동백잎에 빛나는 마음」을
쪽쪽으로 끝내주는 나를
동백꽃똥구멍쪽쪽빠는새라 부르지 않으면
뭐라 부르겠는가

쪽쪽쪽 쪽쪽쪽쪽 쪽쪽쪽쪽
쪽쪽쪽 쪽쪽쪽쪽 쪽쪽쪽쪽
쪽쪽쪽 쪽쪽쪽 쪽쪽쪽 쪽쪽쪽
쪽쪽쪽쪽 쪽쪽쪽 쪽쪽쪽쪽쪽

쪽쪽쪽 쪽쪽 쪽쪽쪽 쪽쪽쪽쪽
쪽쪽쪽쪽 쪽쪽쪽 쪽쪽 쪽쪽쪽쪽
쪽쪽쪽쪽 쪽쪽쪽쪽 쪽쪽 쪽쪽쪽

쪽쪽쪽 쪽쪽쪽 쪽쪽쪽쪽쪽쪽

영랑의 시
「동백잎에 빛나는 마음」을
쪽쪽으로 끝내주는 것에
만족하지 않고
「돌담에 속삭이는 햇발」도
쪽쪽으로 끝내주는 나는
내가 생각해도
동백꽃똥구멍쪽쪽빠는새임에 틀림없다

쪽쪽쪽 쪽쪽쪽
쪽쪽쪽 쪽쪽쪽
쪽쪽쪽 쪽쪽쪽 쪽쪽쪽

쪽쪽쪽 쪽쪽쪽
쪽쪽쪽 쪽쪽쪽
쪽쪽쪽 쪽쪽쪽 쪽쪽쪽

쪽쪽쪽 쪽쪽쪽 쪽쪽
쪽쪽쪽 쪽쪽쪽쪽 쪽쪽쪽쪽쪽

쪽쪽쪽 쪽쪽쪽쪽 쪽쪽쪽쪽쪽쪽쪽

쪽쪽쪽 쪽쪽쪽쪽쪽
쪽쪽쪽 쪽쪽쪽쪽 쪽쪽쪽쪽쪽쪽
쪽쪽쪽 쪽쪽쪽쪽 쪽쪽쪽쪽쪽쪽쪽

「동백잎에 빛나는 마음」과
「돌담에 속삭이는 햇발」로 끝낼 줄 알았더니
내 안의 누군가가
「물보면 흐르고」까지
쪽쪽으로 끝내라고 닦달하니
안 들어 줄 수가 없다

강진의 저명인사 중의 저명인사인
영랑생가를 하루가 멀다 하고 찾는
나는 동백꽃똥구멍쪽쪽빠는새가 분명하다

모란이 지기까지는

누가 기다렸던
누가 기다리지 않았든
얼굴 내민 모란이 물러날 수밖에 없는
이유는

모란이 얼굴 내미는 데도 기여하고
모란이 물러나는 데도 기여한
해와 달 별빛이 알 것 같은데
다들 자기 할 일만 하니

누가 섭섭해 하든
누가 섭섭해 하지 않든
얼굴 내민 모란이 물러날 수밖에 없는
이유는

모란이 얼굴 내미는 데도 기여하고
모란이 물러나는 데도 기여한
해와 달 별빛이 알 것 같은데
다들 자기 할 일만 하니

영랑생가 사랑채 마루에서

뻐꾹 뻐꾹 뻐꾹 뻐꾹 뻐꾹 뻐꾹

더위 먹은
영랑생가, 사랑채 마루에서
뻐꾹새 울음소리를 듣는 재미가 쏠쏠하다

뻐꾹 뻐꾹 뻐꾹 뻐꾹 뻐꾹 뻐꾹

아무 생각 없이
뻐꾹새 울음소리를 들을 게 아니라
내가 고수가 되어
마음으로
북도 치고
추임새도 넣어야겠다

뻐꾹 뻐꾹 뻐꾹 뻐꾹 뻐꾹 뻐꾹

'얼씨구',
'좋다',
'그라제'

뻐꾹 뻐꾹 뻐꾹 뻐꾹 뻐꾹 뻐꾹

뻐꾹새 울음소리를 소리 삼아
내가
마음으로 북을 치고
추임새를 넣는 재미를 만끽하는데
어디선가
'자네 소리하게 내 북을 잡지'란 소리가
나를 가만두지 않는다

뻐꾹 뻐꾹 뻐꾹 뻐꾹 뻐꾹 뻐꾹

소리꾼인 뻐꾹새에게도 들통나지 않고
혼자
마음으로 북을 치고
추임새를 넣는 재미를 만끽하고 있는데
'자네 소리하게 내 북을 잡지'라며 끼어드는 이는
누구인가

뻐꾹 뻐꾹 뻐꾹 뻐꾹 뻐꾹 뻐꾹

뒤에 따라오는
'진양조 중모리 중중모리
엇머리 잣아지다 휘몰아 보아'로 봐
영랑이 틀림없다

뻐꾹 뻐꾹 뻐꾹 뻐꾹 뻐꾹 뻐꾹

뻐꾹새 울음소리를 소리 삼아
고수鼓手 노릇하던 나보다
북치는 솜씨도
시도 훨씬 고수高手인 영랑에게 오늘 한 수 아닌
몇 수 배우게 생겼다

뻐꾹 뻐꾹 뻐꾹 뻐꾹 뻐꾹 뻐꾹

- 이렇게 숨결이 꼭 맞아서만 이룬 일이란
인생에 흔치 않아 어려운 일 시원한 일

소리를 떠나서야 북은 오직 가죽일 뿐
헛 때리면 만갑이도 숨을 고쳐 쉴밖에

장단을 친다는 말이 모자라오
연창演唱을 살리는 반주쯤은 지나고
북은 오히려 콘덕터요

떠받는 명고名鼓인듸 잔가락은 온통 잊으오
떡 궁-동중정動中靜이오 소란 속에 고요 있어
인생이 가을같이 익어 가오
뻐꾹 뻐꾹 뻐꾹 뻐꾹 뻐꾹 뻐꾹

절창 중의 절창인
떠받는 명고名鼓인듸 잔가락은 온통 잊으오
떡 궁-동중정動中靜이오 소란 속에 고요 있어
인생이 가을같이 익어 가오에
입이 벌어질 수밖에

뻐꾹 뻐꾹 뻐꾹 뻐꾹 뻐꾹 뻐꾹

더위 먹은
영랑생가, 사랑채 마루에서
뻐꾹새 울음소리를 소리 삼아
마음으로 북을 치고

추임새를 넣는 중에 끼어든
자네 소리하게 내 북을 잡지로 시작하여
자네 소리하게 내 북을 치지로 끝나는
영랑 덕에
너무 많이 배웠다

영랑생가와 금사봉이 눈빛을 주고받다

영랑생가와 금사봉이 눈빛을 주고받는 걸
뒤늦게 알았다

영랑이 낳은 시들이
문필봉인 금사봉이 꽉꽉 밀어준 걸
아는 이는
누구인가

영랑이 죽치던 시절에도
영랑이 떠난 뒤에도
영랑생가와 금사봉은 하루도 빠짐없이
눈빛을 주고받는 걸

영랑생가가
아침에 눈을 뜨면
해를 거느린
금사봉이 눈 앞에 얼굴을 내미는 걸

금사봉이
아침에 눈을 뜨면
대숲을 거느린

영랑생가가 눈 앞에 얼굴을 내미는 걸

금사봉과 영랑생가가 눈빛을 주고받는 걸
뒤늦게 알았다

시문학파기념관은 시문학파 대변인이다

영랑생가와 한 집안인
시문학답사 1번지
시문학파기념관은 시문학파 대변인이다

영랑의 대변인이 아니라
시문학파 9인의 대변인이다

모란이 피기까지로
돌담에 속삭이는 햇살로
잘나간
영랑만 대변하기도 힘이 드는데
시문학파 9인을 대변하는데
힘이 들지 않다면 거짓말이다

시문학파 9인의 생애와 시에 대하여
꿰고 있어야 할 뿐만 아니라
한국 현대시사에 대하여도
꿰고 있어야 하니

시문학파기념관을 찾는
경향각지 먼 걸음을 한 길들에게

팩트 뿐만 아니라
인문학적 상상력도 안겨 줘야 하니

수고하고
무거운 짐 진
시문학파기념관

영랑생가와 한 집안인
시문학답사 1번지인
시문학파기념관은 시문학파 대변인이다

영랑생가는 영랑 대변인이다

세계모란공원과
시문학파기념관과 의기투합한
호화양장본시집인
영랑생가는 영랑 대변인이다

다시 태어난 현구생가는 현구 대변인임에도
현구가 분가하여 살았기에
현구 대변인인 걸
입증하기가 쉽지 않으나
영랑 대변인인 영랑생가는
영랑이 서울로 떠나기 전까지 똬리 틀었기에
영랑 대변인인 걸
입증하기가 쉽다

'동백잎에 빛나는 마음'의
'돌담에 소색이는 햇발'의
'마당 앞 맑은 새암'의
'모란이 피기 까지는'의
'사개 틀린 고풍의 툇마루에'의 텃자리가
영랑생가인 걸
영랑생가가 바로 입증해 준다

'오-매 단풍 들것네'의
'가야금'의 탯자리 역시
영랑생가인 걸
영랑생가가 바로 입증해 주고
영랑생가를 나와 돌담을 따라가면
'오월'의
'수풀 아래 작은 샘'의 탯자리가
영랑의 산책로
영랑생가 주변인 걸
영랑생가 주변이 입증해 준다

세계모란공원과
시문학파기념관과 동고동락하는
호화양장본시집인
영랑생가는 영랑 대변인이다

새다

유월 뙤약볕 속에서
묵은 갈대들과 어린 갈대들이 인수인계하는 걸
지켜보는 중에
비비새 울음소리를 뉘나게 들은 내가
추억의 앨범인
고성골방죽을 펼쳐 보려
서둘러 고성골방죽을 찾았다

고성골방죽을 찾은 내가
추억의 앨범인
고성골방죽을 한 쪽도 펼쳐 보지 않고
수국꽃들의 사열을 받는 재미에 빠져
고성사 보은산방을 뵙기로 마음을 바꿨다

고성사 보은산방 뵈러 가는 중에
세 차례나 뒤를 돌아본 내가
고성사 보은산방을 뵙는 걸 포기할까 하다가
가까스로
고성사 보은산방 가는 길과
돌샘 가는 길이 나눠진 곳에 이르러
고성사 보은산방 가는 길에 등을 돌리고

산돌과 돌샘의 안부를 핑계 삼아
돌샘 방향으로 샜다

예나 다름없이
건재한 산돌을 뒤로 발길을 재촉하는데
우두봉의 대변인인,
뜬금없는 하모니카 소리와 의기투합한
돌샘이 나를 맞이한다

무척이나
돌샘이 말수가 적어진 것은
하모니카 소리에 짓눌려서인지도 모른다

나를 안중에 두는지
나를 안중에 두지 않는지
알 수 없는
돌샘과 하모니카

돌샘을 찾은
하모니카를 비롯한 다양한 강진들은
나처럼

고성사 보은산방을 뵈러 가다가
산돌과 돌샘의 안부를 핑계 삼아
돌샘 방향으로 새지는 않았을 것이다

못 말리는
나

영랑생가 사랑채 주련 앞에서 머뭇거리다

영랑의 시
'사개 틀린 고풍의 툇마루'와 '북'의 발원지인
영랑생가 사랑채,
영랑생가 사랑채 주련 앞에서
먼 걸음을 한 길들이 머뭇거린다

먼 걸음을 한 길들 중에
가방끈이 긴 길도 있고
가방끈이 짧은 길도 있는데
가방끈이 길다고 해서
주련에 관심이 깊고
가방끈이 짧다고 해서
주련에 관심이 없는 게 아니다

모든 걸 알고 싶은 욕망은 아니라 해도
먼 걸음을 한 길들 앞에
얼굴 내민 주련을
모른 척하고 지나가는 것보다
서로 인사를 나누는 것도 괜찮을 것이다

- 林茂鳥知歸,

水深魚自樂,
非貪眼界寬,
直臣心期遠,
執衽采藥決渠灌花

아예 눈인사도 나누지 않고
모른 척하고 지나가는
먼 걸음을 한 길들도 있고
읽기는 해도
뜻을 모르는
먼 걸음을 한 길들도 있고
대충 무슨 뜻인지 아는
먼 걸음을 한 길들도 있고
출처는 몰라도
무슨 뜻인지 아는
먼 걸음을 한 길들도 있다

주련과 눈인사를 나누면 좋겠지만
주련과 눈인사를 나누지 못한다 해도
부끄러울 게 없다

영랑의 시
'사개 틀린 고풍의 툇마루'와 '북'의 발원지인
영랑생가 사랑채,
영랑생가 사랑채 주련 앞에서
먼 걸음을 한 길들이 머뭇거리다가 간다

* 林茂鳥知歸임무조지귀: 숲이 짙으면 새가 날아든다는 뜻.
〈두보의 시〉
* 水深魚自樂수심어자락: 물이 깊으면 고기가 헤엄치기 좋다는 뜻.
〈두보의 시〉
* 非貪眼界寬비탐안계관: 탐욕을 버리면 안개가 걷힌다는 뜻.
〈왕유의 시〉
* 直臣心期遠직신심기원: 강직한 신하는 마음으로 먼 날을 기약하다는 뜻. 〈왕유의 시〉
* 執衽采藥決渠灌花집임채약결거관화: 옷소매 걷어 올리고 약초를 캐고 개울물 막아 꽃에 물을 준다는 뜻. 〈사마광의 시〉

고성골방죽은 추억의 앨범이다

고성사와 돌샘에게
크게 신세지고 있는
고성골방죽은
나의 유년의 추억의 앨범이다

고성골방죽이
나의 유년의 추억의 앨범인 건
1급 비밀도
2급 비밀도 아닌 대외비다

수국의 사열을 받으며
고성사 가는 길들 중에
돌샘 가는 길들 중에
내가 고성골방죽에 붙들려 있는 걸
본 길들이 있을 것이다

내가 고성골방죽에 붙들려 있는 걸
본 길들 누구도 내가
나의 유년의 추억의 앨범인
고성골방죽을 펼쳐 보는 걸
눈치채지 못했을 것이다

고성골방죽을 펼쳐
벌거숭이 아이들이
방죽을 가로질러 헤엄치고
방죽가에서
꾸륵꾸륵 암잠자리로
수잠자리를 유혹하고 있는 걸
내가 지켜보는 재미를 만끽하고 있는 걸
어떤 길들이 알겠는가

고성사와 돌샘에게
크게 신세지고 있는
고성골방죽은
나의 유년의 추억의 앨범이다,
누가 뭐래도

훔쳐보다

영랑생가 안채 옆마루에 앉아
동백꽃과
모란꽃이 서로 눈빛을 주고받는 걸
훔쳐본다

내가 훔쳐보는 걸
동백꽃과 모란꽃이 눈치채지 못하게
훔쳐보는데
동백꽃과 모란꽃이
정말로 눈치채지 못하는지
아니면 눈치채지 못한 척하는지
알 수 없다

내가
동백꽃이나
모란꽃이라면
누구도 몰래
그러니까
서로 눈빛을 주고받지 않는 척하면서
서로 눈빛을 주고받을 것이다

나는
동백꽃과 모란꽃이 눈빛을 주고받는 걸
훔쳐보기만 하고
질투는 하고 싶지 않은데
그게 맘대로 되지 않으니
어떡하냐

동백꽃과
모란꽃이
누구에게 질투 받으려고
누굴 약 올리려고
서로 눈빛을 주고받는 게 아님에도
불구하고
나의 질투를 사고 있다

영랑생가 안채 옆마루에 앉아
모란꽃과
동백꽃이 서로 눈빛을 주고받는 걸
훔쳐본다,
뉘나도록

영랑생가 안채는 모란은 챙기고 작약은 챙기지 않는다

인구에 회자하는
'모란이 피기까지는'으로 잘나가는
영랑생가 안채는
모란은 챙기고 작약은 챙기지 않는다

영랑생가 안채는
모란은 챙기고 작약은 챙기지 않는다란 말을
작약이 들으면
작약이 크게 상처 받을 것이기에
작약 앞에선
그런 말을 절대로 꺼내지 말아야 한다

모란이 작약을 따돌린 것도 아니고
작약이 모란을 기피한 것도 아닌데
영랑생가 안채에 작약이 눈에 띄지 않는 건
우연인가,
필연인가

작약이 모란의 뒤통수를 친 적도 없고
작약이 모란의 발등을 찧은 적도 없는데
영랑생가 안채가

모란만 챙기고
작약은 챙기지 않다니

모란이 작약을 멀리할 이유가 없고
작약이 모란을 멀리할 이유가 없는데
영랑생가 안채가
모란과 작약을 만나지 못하게 하다니

모란과 작약은 이웃사촌 아닌
인척간인데
모란과 작약이 만나는 걸
영랑생가 안채가 허용치 않으니
어떡하냐

인구에 회자하는
'모란이 피기까지는'으로 잘나가는
영랑생가 안채는
모란은 발붙여도
작약은 발붙이지 못한다

'사개 틀린 고풍의 툇마루'란 시가 말해 준다

영랑이 낳은
'사개 틀린 고풍의 툇마루'란 시가 말해 준다
영랑은 결벽증이 심하다고

사랑채 툇마루가
사개가 틀렸는지
사개가 틀리지 않았는지
관심 있는 사람이 몇이나 된다고
'사개 틀린 고풍의 툇마루'로
사개가 틀렸다고 스스로 털어놓다니

사개가 틀린 걸 스스로 털어놓느라
'사개 틀린 고풍의 툇마루'란 시를
영랑이 낳은 게 아니고
영랑이 낳은 시 중에
'사개 틀린 고풍의 툇마루'란 시가 끼어 있는 것을
내가 오독한 것은 아니나

사개 틀린
사랑채 고풍의 툇마루 덕에
영랑은 '사개 틀린 고풍의 툇마루'란
시를 낳고

나는 '사개 틀린 고풍의 툇마루'란 시가 말해 준다'는
시를 낳고 있다

영랑은
'사개 틀린 고풍의 툇마루'란 시를 낳는 중에
잔머리를 굴리지 않는데
나는 잔머리를 되게 굴린다

내 안의 누군가가 나에게
극성을 떤다고 나무라지만
'사개 틀린 고풍의 툇마루'란 시 덕에
사개가 뭔 말인지 알게 돼
내 안의 누군가 아닌
내 밖의 누군가가 나무래도
그냥 넘어갈 것이다

영랑이 낳은
'사개 틀린 고풍의 툇마루'란 시가
영랑은 결벽증이 심하다고 말해 준다는
나의 생각일 뿐
영랑은 결벽증과 거리가 멀고
호방하다와 가깝다

물과별

계간 문예지 《물과별》의 발원지는
영랑의 시 「물 보면 흐르고」다

《물과별》 하면
연식이 오래된 문인들이
《풀과별》을
떠올리라는 걸 내가 모를 리 없다

《물과별》이
《풀과별》이 발원지라는 생각을
하지 않는 문인은
《풀과별》이 머릿속에 없는 문인들이다

연식이 오래된 문인들의 생각과 달리
계간 문예지 《물과별》의 발원지는
'물 보면 흐르고
별 보면 또렷한'으로 시작하는
「물 보면 흐르고」다

「물 보면 흐르고」라는 시의
제목은

「물과 별」이라 해도
틀리지 않는다

언제
어디에서나
내 머릿속에서
자동적으로 튀어나오는
「물 보면 흐르고」가
영랑의 시
「오월」, 「돌담에 속삭이는 햇발」과 함께
가장 촉기 있는 시라는 걸
세상에 알리고 싶다

계간 문예지 《물과별》의 발원지는
영랑의 시 「물 보면 흐르고」다,
《풀과별》이 아닌

어깨동무한 탑동과 서문은 연리지다

어깨동무한 탑동과 서문은 연리지다

탑동은 영랑으로 잘나가고
서문은 현구로 잘나간다

어깨동무한 탑동과 서문이
어깨동무를 푼 적이 없다

영랑은 탑동 말로 시를 낳고
현구는 서문 말로 시를 낳았다

탑동 말도
서문 말도
다 같은 강진 말이기에
영랑도
현구도 강진 말로 시를 낳았다

현구가 영랑의 아래뻘이라고 해서
현구의 시가
영랑의 시 아래뻘이라는 법은 없다

영랑으로 잘나가는 탑동과
현구로 잘나가는 서문은
어깨동무를 풀 생각도 없고
이미 한 몸이 되어
어깨동무를 풀 수도 없다

어깨동무한 탑동과 서문은 연리지다

물과별 시선 25

탑동

1판 1쇄 인쇄일 | 2025년 8월 1일
1판 1쇄 발행일 | 2025년 8월 5일

지은이　　김재석
펴낸이　　신정희
펴낸곳　　사의재
출판등록　2015년 11월 9일　제2015-000011호
주소　　　목포시 보리마당로 22번길 6
전화　　　010-2108-6562
이메일　　dambak7@hanmail.net
ⓒ 김재석, 2025

ISBN 979-11-6716-114-7 03810

지은이와 출판사의 동의 없이 이 책의 내용 중 전체 또는 일부를 인용하거나 발췌하는 것을 금합니다.

값 13,000원